CHICO BENTO©

NATUREZA E OS BIOMAS BRASILEIROS

Dados Internacionais de Catalogação na Publicação (CIP)
Angélica Ilacqua CRB-8/7057

Nazario, Nina
Turma do Chico Bento : natureza e os biomas brasileiros / Nina Nazario ; ilustrações de Mauricio de Sousa. — Barueri, SP : Girassol, 2025.
24 p. : il., color. (Coleção Ecologia Verde-Amarela)

ISBN 978-65-5530-917-1

1. Literatura infantojuvenil brasileira 2. Meio ambiente 3. Fauna 4. Flora I. Título II. Sousa, Maurício de III. Série

24-5751 CDD 028.5

Índices para catálogo sistemático:
1. Literatura infantojuvenil brasileira

Este livro foi impresso em 1ª edição em 2025, em papel couché 115 g/m², com capa em cartão 250 g/m².

Esta obra foi realizada em parceria com o WWF-Brasil, organização da sociedade civil brasileira, apartidária e sem fins lucrativos, que, há 25 anos, trabalha para mudar a trajetória de degradação socioambiental. Ela atua para proteger espécies ameaçadas de fauna e flora, fortalecer a agricultura familiar, combater a destruição e restaurar os ecossistemas do país, defender os povos indígenas e comunidades tradicionais, e muito mais. Conheça mais sobre o trabalho dessa organização em wwf.org.br

GIRASSOL BRASIL EDIÇÕES LTDA.
Av. Copacabana, 325, Sala 1301
Alphaville – Barueri – SP – 06472-001
sac@grupogirassolbrasil.com.br
www.girassolbrasil.com.br

Direção editorial: Karine Gonçalves Pansa
Coordenação editorial: Carolina Cespedes
Editora assistente: Lívia Pupo Sibinel
Assistente de conteúdo e metadados: Rebecca Silva
Texto: Nina Nazario
Diagramação: Deborah Takaishi

Impresso no Brasil

MSP Estúdios

Presidente
Mauricio de Sousa

Diretoria Executiva
Fábio Junqueira, Marcos S. e S. Saraiva, Marina T. e Sousa Cameron, Mauro Takeda e Sousa
Conselho
Alice K. Takeda, Mônica S. e Sousa

Mauricio de Sousa é membro da Academia Paulista de Letras (APL)

PUBLISHING

Diretoria Executiva de Conteúdo
Marcos S. e S. Saraiva, Marina T. e Sousa Cameron

Head de Publishing
Wagner Bonilla

Supervisão de Conteúdo
Emerson Agune, Giulia Ebohon, Sidney Gusman, Wagner Bonilla

Gerente de Conteúdo Editorial
Emerson Agune
Editor
Sidney Gusman
Editor de Arte
Mauro Souza
Coordenação de Conteúdo
Giulia Ebohon
Coordenação Administrativa
Cida Rabello
Produção Editorial
Juliana Bojczuk
Coordenação de Arte-final
Juliana Mendes, Tatiana Monteiro
Revisão de Textos
Daniela Gomes Furlan, Lina Furlan

Diretoria Executiva Comercial
Marcos S. e S. Saraiva, Mauro Takeda e Sousa
Diretor de Licenciamento
Rodrigo Paiva
Coordenadora Comercial
Alexandra Paulista
Analista Comercial
Maria Vitorino
Jurídico
Alexandre Siqueira

Desenho de capa
Anderson Nunes

Designer Gráfico e Diagramação
Mariangela Saraiva Ferradás

MSP Estúdios:
msp@mspestudios.com.br Rua Werner Von Siemens, 111 Prédio 19 - Espaço 1, Lapa de Baixo - São Paulo - SP - 05069-900 - Tel. (11) 3613-5000

www.turmadamonica.com.br

CHICO BENTO©

NATUREZA E OS BIOMAS BRASILEIROS

ECOLOGIA VERDE-AMARELA

GIRASSOL

NINA NAZARIO

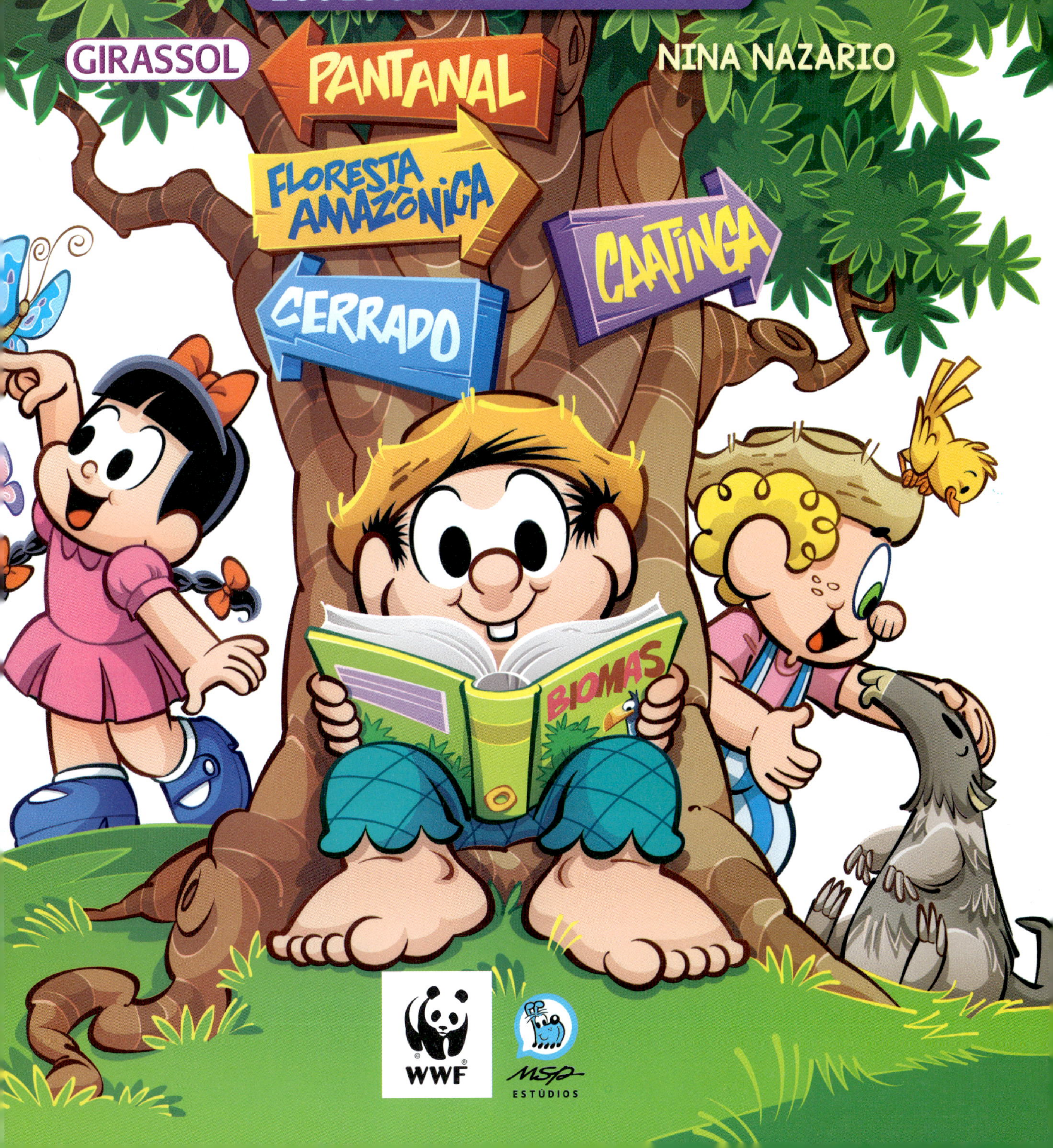

WWF

MSP ESTÚDIOS

As plantas

De brincadeira, podemos falar que as plantas são seres vivos discretos. Elas não fazem barulho, não andam nem falam, mas isso não diminui sua importância, pois são essenciais na nossa vida!

O corpo das plantas

A maioria das plantas, como a castanheira, tem raiz, caule, folhas, flores, frutos e sementes. Mas outras, como as samambaias, não possuem todas essas partes em sua estrutura.

Samambaia.

As plantas se alimentam

As plantas produzem seu próprio alimento em um processo chamado fotossíntese. Elas absorvem água e nutrientes pelas raízes, gás carbônico e luz pelas folhas, e assim fabricam um tipo de açúcar, que é usado por elas para se desenvolverem. O açúcar pode ser armazenado em certas estruturas, como nas folhas, no caule ou na raiz. A cenoura e a beterraba são exemplos de raízes que contêm açúcar fabricado pela planta.

Olho-vivo

Que tal reparar na presença das plantas? Você já percebeu se existem muitas delas onde você vive? Elas estão na natureza ou em espaços internos, como dentro das casas? Já percebeu que existem plantas que vivem com as raízes na terra (terrestres), outras na água (aquáticas) e outras sob o caule de outras plantas (epífitas)?

Flor, fruto e semente

Nas plantas mais evoluídas, o aparelho reprodutor é composto por flores que formam os frutos e as sementes. O fruto protege as sementes, que podem germinar e dar origem a novas plantas.

Já te contaram?

O amendoim e o pinhão, comidas típicas de festa junina, são exemplos de sementes.

A casca e a parte do abacate que comemos formam o fruto, e o caroço é a semente.

Os animais

Eles vivem em ambientes variados. Dentro de casa, às vezes, podemos encontrar lagartixa, mosca ou aranha, por exemplo. Já os ambientes naturais brasileiros abrigam macacos, cobras e pássaros, entre muitos outros animais.

© Donieve / Pixabay

Quando a maré sobe, os mexilhões ficam submersos em água, que contém pequenos pedaços de alimentos.

Os animais se alimentam

Os animais podem viver fixos ou se deslocar em busca de alimento. Por exemplo, para os mexilhões e as anêmonas, que são fixos, o alimento chega pela água do mar. Já os que se deslocam, precisam ir em busca do alimento, podendo ser carne, como a águia (carnívora), ou vegetais, como a capivara (herbívora).

Locomoção

Os animais que se deslocam têm estruturas adaptadas a essa função. Os que possuem pernas podem caminhar, correr, saltar ou se pendurar em galhos, por exemplo. Já os que têm asas as usam para empurrar o ar durante o voo. Outros, como as serpentes e minhocas, rastejam graças à contração e ao relaxamento de músculos do corpo. No ambiente aquático, os animais com nadadeiras empurram a água e controlam a direção do nado com essas estruturas.

Olho-vivo !

Os animais podem produzir sons. Repare. Você consegue ouvir diferentes sons, como o canto das cigarras e das aves, o coaxar dos sapos, o zumbido de abelha e mosquitos? Você acha esses sons agradáveis?

A que horas do dia?

Os animais que realizam suas atividades de dia são chamados de diurnos e os que realizam suas atividades à noite são noturnos.

© Zig Koch / WWF-Brasil

O louva-a-deus é um inseto.

Já te contaram?

Existem muitas espécies de animais e o grupo dos insetos é o que tem a maior diversidade.

Os seres decompositores

Se você já viu um pão mofado ou uma fruta podre, já teve contato com os organismos decompositores. São indesejáveis na cozinha, pois estragam os alimentos, a não ser que estejam lá de propósito e vão para a panela (como algumas espécies de cogumelo). Mas, na natureza, realizam uma função muito importante: decompor a matéria orgânica.

Quem são eles?

Os organismos decompositores são os fungos e bactérias, além das minhocas. As minúsculas bactérias só podem ser vistas com o uso de microscópio. Porém, quando elas se multiplicam e formam colônias (grupos) de bactérias, são visíveis a olho nu. Já os fungos decompositores podem ser tanto microscópicos quanto macroscópicos. O fungo orelha-de-pau, encontrado em ambientes brasileiros, é um exemplo de organismo decompositor visível a olho nu.

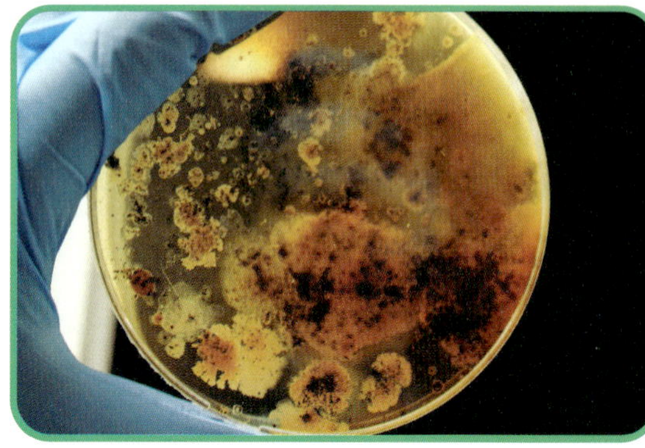

Placa científica onde cresceram colônias de bactérias.

Nem todo fungo é nocivo. Cogumelos como o *champignon*, o *shiitake* e o *shimeji* são comestíveis. Se você já comeu estrogonofe ou pratos da culinária japonesa, é possível que já tenha provado esses saborosos fungos.

Fungos orelha-de-pau sobre galho.

A matéria orgânica

O corpo dos seres vivos é formado por matéria orgânica. Os ossos, o sangue e a pele de uma pessoa, por exemplo, são matéria orgânica, assim como as folhas de uma planta, as fezes dos animais e os pelos de um cavalo. Os restos dos seres vivos (como a urina ou o cadáver de animais e as folhas que caem das plantas) sofrem decomposição.

A decomposição

Os restos dos seres vivos são quebrados pelos organismos decompositores e transformados em substâncias mais simples. Eles se alimentam de parte da matéria orgânica decomposta. Ao mesmo tempo, na decomposição, são liberados nutrientes que ficam no ambiente. Os sais minerais, por exemplo, ficam no solo e acabam sendo absorvidos pelas plantas.

As cadeias alimentares

Sabia que toda vez que você come está participando de uma cadeia alimentar? Os seres vivos estabelecem relações entre si por meio da alimentação e assim formam as cadeias alimentares.

As plantas, como a jabuticabeira, são organismos produtores.

Os produtores

São os seres vivos que produzem seu próprio alimento, como as plantas, as algas e certas bactérias. Ao receber luz solar, esses organismos transformam a luz do sol em uma outra forma de energia, que é usada pelo organismo e também armazenada.

O tucano pode comer frutos e insetos, então também é um consumidor.

Os consumidores

São os seres vivos que não produzem o próprio alimento e ingerem comida para sobreviver. Os consumidores podem se alimentar dos produtores ou de outros consumidores. Por exemplo, se alguém come frutas (que são partes das plantas), se alimenta de produtores. Se come um pedaço de frango (um animal), se alimenta de um consumidor. Nos dois casos, a pessoa ocupou a posição de consumidor e obteve energia dos alimentos ingeridos.

Os decompositores

Já que se alimentam dos restos dos seres vivos, participam de todas as cadeias alimentares. Às vezes, os decompositores são invisíveis, mas estão presentes em locais como o solo, a água e sobre o corpo dos seres vivos.

Os gafanhotos comem plantas, então são consumidores.

Representação das cadeias alimentares

Uma cadeia alimentar pode ser representada dessa forma:

Planta ← Gafanhoto ← Tucano

O esquema tem os nomes dos seres vivos da cadeia e as setas que mostram a ligação entre eles. As setas sempre apontam na direção do organismo que recebeu o alimento. Como as espécies podem ter dietas variadas, um mesmo ser vivo pode participar de diferentes cadeias alimentares.

A Mata Atlântica

A Mata Atlântica é um dos seis biomas continentais brasileiros. Ela tem esse nome porque, no passado, cobria grande parte do litoral do país, que é banhado pelo Oceano Atlântico. A Mata Atlântica é uma das regiões de maior biodiversidade no mundo, ou seja, que possui o maior número de espécies de animais e plantas.

Clima

A água que evapora do mar, dos rios e das cachoeiras da Mata Atlântica torna o ambiente úmido e chuvoso. Quando chove, parte da água não atravessa a floresta, porque as folhas das árvores mais altas acabam formando uma espécie de "guarda-chuva" florestal.

Flora

Palmeiras como o palmito-juçara e o jerivá, árvores como a embaúba e o manacá-da-serra, musgos e diversas bromélias e orquídeas são exemplos de plantas da Mata Atlântica. Como existem plantas com diferentes alturas, são formadas diferentes camadas de vegetação.

No tronco da copaíba existe um óleo que pode ser extraído e usado na fabricação de medicamentos e outros produtos. A extração precisa ser feita corretamente para não prejudicar a árvore.

Mata Atlântica. A árvore florida é um manacá-da-serra.

© Adriano Gambarini / WWF-Brasil

Vista de litoral da Mata Atlântica, localizada na Estação Ecológica Jureia – Itatins, litoral sul paulista.

Fauna

Assim como a flora, a fauna da Mata Atlântica também é bastante diversificada. Lá, vivem sapos, rãs, serpentes, aves, insetos, como borboletas e libélulas, felinos, como a jaguatirica e a onça-parda, entre outros animais.

© Andrew Jones / WWF

O muriqui é um animal diurno e come folhas, frutos e flores. O desmatamento e a caça ilegal ameaçam a sobrevivência dessa espécie.

Ocupação humana

Metade da população brasileira vive na Mata Atlântica. É nessa floresta tropical que estão as maiores cidades do país e onde acontecem diversas atividades, como a fabricação de produtos nas indústrias. Para dar espaço para pessoas e essas atividades, parte da vegetação foi substituída por construções, como casas, ruas, indústrias. Isso causa um impacto negativo no ambiente.

Ameaças

Infelizmente, a maior parte da Mata Atlântica já foi destruída. O desmatamento, a agricultura e a criação de animais, a retirada ilegal de madeira, plantas e animais, o lixo e a poluição gerados nas cidades são algumas ameaças atuais ao bioma. Hoje, restam somente cerca de 12% da floresta que existia originalmente.

Olho-vivo

Descubra a relação que existe entre o bioma Mata Atlântica e o nome do nosso país. Uma dica é começar pesquisando sobre o pau-brasil.

A Floresta Amazônica

Na Floresta Amazônica, ou Amazônia, há muitos e muitos rios, sendo o principal deles o Amazonas, um dos rios mais largos do mundo. É por isso que nessa região é muito comum as pessoas se deslocarem de barco. Esse tipo de transporte é chamado de transporte hidroviário, com muitas embarcações, como canoas, lanchas e balsas.

Clima

O clima é quente, úmido e chove bastante. A temperatura média geralmente fica acima de 25 graus Celsius. As fortes chuvas que caem sobre esse bioma não contêm apenas a água que evaporou na região da floresta. A água que evapora do oceano Atlântico dá origem a nuvens, e parte delas é carregada por ventos até a Floresta Amazônica.

Flora

Plantas como a vitória-régia, a samaúma, a castanheira e a palmeira-açaí habitam o bioma. A quantidade de água nos rios varia ao longo do ano, e certas plantas só são encontradas em áreas altas, que não inundam. Outras plantas vivem nas áreas que ficam encharcadas durante parte do ano, quando os rios enchem. E existem, ainda, as plantas das áreas mais baixas, de lugares que ficam permanentemente alagados.

A sumaúma cresce em áreas elevadas da floresta que nunca alagam. Essa árvore pode atingir até 40 metros de altura.

Embarcação do povo indígena Uru-Eu-Wau-Wau transportando pessoas no rio Jamari, em Rondônia.

Fauna

A Floresta Amazônica é o bioma brasileiro com maior número de espécies animais. Nos rios vivem o peixe-boi, a ariranha, a sucuri, o pirarucu, o tambaqui, o poraquê (enguia-elétrica), entre outros animais. A onça-pintada, os tamanduás, as araras, os periquitos e diversos insetos são exemplos dos animais terrestres.

O peixe-boi, apesar do nome, é um mamífero, não um peixe.

Já te contaram?

O corpo do peixe pirarucu é revestido por escamas que podem ter o tamanho de um polegar. Muito resistentes, essas escamas protegem o peixe de mordidas de predadores, como as piranhas.

Populações tradicionais

Na Floresta Amazônica existem diversas populações que vivem em contato próximo com a natureza. Os povos indígenas, os seringueiros (trabalhadores que coletam borracha da árvore seringueira) e os ribeirinhos (moradores da beira de rios que se sustentam pela pesca) são alguns exemplos dessas populações.

Ameaças

Apesar de parte da área original da Floresta Amazônica ter sido desmatada (cerca de 17%), este é o bioma brasileiro mais preservado. A floresta costuma ser derrubada para dar lugar a plantações, áreas de criação de animais, construção de cidades e exploração de minérios. Além disso, quando a vegetação é destruída com fogo, outros seres vivos acabam sendo queimados. O corte ilegal de árvores para obter madeira também é frequente, e essa madeira vai parar na maior parte das vezes no contrabando.

© André Dib / WWF-Brasil

A vitória-régia é uma planta aquática. Sua folha, que pode medir até 2 metros de diâmetro, tem uma dobra que acompanha toda a sua borda, dando a forma de uma bandeja.

Olho-vivo

Da próxima vez que acompanhar um adulto nas compras, observe se há alimentos com ingredientes originários da Floresta Amazônica, como a castanha-do-pará, o açaí, o cacau ou o guaraná.

O Pantanal

O nome desse bioma já dá uma pista de como ele é. Assim como um pântano, o terreno do Pantanal é alagado. Nos meses de chuva constante, os rios transbordam, a água se espalha sobre a planície pantaneira. Depois, na estação seca, o nível dos rios diminui e as lagoas que se formaram anteriormente secam. Esse ciclo se repete continuamente.

Clima

No Pantanal, o clima é marcado por duas estações bem definidas: um inverno frio e seco e um verão quente e chuvoso.

Solo

Durante o período chuvoso, a água que vem das nascentes de rios traz materiais como terra, folhas e sementes até os rios pantaneiros. Nas enchentes, o terreno alaga e essa matéria orgânica e os sedimentos se espalham. Quando começa o período de seca, a matéria orgânica se deposita no solo, fertilizando-o.

O chapéu-de-couro-de-folha-fina é uma planta aquática encontrada no Pantanal. Ela vive em áreas que alternam entre o terreno seco ou alagado ao longo do ano.

Vista aérea do Pantanal durante o período de cheia dos rios.

Flora

Ao contrário da Mata Atlântica e da Floresta Amazônica, onde existem árvores bem altas, no Pantanal as árvores são mais baixas, de médio porte, como é o caso do cambará e dos ipês. No Pantanal também vivem plantas rasteiras, como certas gramíneas, e arbustos. E, com tantos rios, não poderiam faltar diversas espécies de plantas aquáticas, como a alface-d´água e o aguapé.

©Danita Delimont / Shutterstock

Ipês floridos no Pantanal.

Fauna

Em um passeio pelo Pantanal, podemos ser surpreendidos por animais como jacarés, capivaras, jararacas e por diferentes aves, como os tuiuiús e os cabeças-secas. Felinos como a onça-pintada e a jaguatirica também vivem nesse bioma. A variedade de peixes, como o bagre, o pacu e o pintado, é enorme.

© Max Ribbink / WWF

Nem todo mundo sabe que a onça-pintada é uma excelente nadadora. Infelizmente, muitas onças do Pantanal morrem ou sofrem queimaduras durante as queimadas.

© Jaime Rojo / WWF

O tuiuiú é considerado a ave-símbolo do Pantanal.

Olho-vivo

Existem rios perto de onde você mora? Já avistou e observou capivaras na beira ou na água de um rio? Caso sim, o que você conseguiu descobrir sobre esse animal, que também é encontrado no Pantanal?

Ameaças

O desmatamento para plantar vegetais e criar gado, a contaminação da água e do solo com produtos agrícolas tóxicos, a destruição das nascentes de rios e as queimadas são exemplos de ameaças ao Pantanal. Infelizmente, no ano de 2020, quase 30% da área do bioma foi destruída por queimadas.

O Cerrado

O Cerrado, que é o segundo maior bioma do Brasil, também é chamado de savana brasileira. Isso porque a paisagem predominante no Cerrado e em outras savanas tropicais típicas, como as da África e da Austrália, é a de um campo. Há locais de vegetação rasteira, arbustos e poucas árvores. Mas há também lugares em que a vegetação pode ser mais densa e fechada.

Clima

Durante a primavera e o verão há uma estação chuvosa, e durante o outono e o inverno, uma estação seca.

Já te contaram?

O Cerrado é uma das regiões de maior biodiversidade do mundo e abriga muitas espécies endêmicas, ou seja, espécies que só existem nesse local!

Cerrado típico. Os galhos retorcidos são uma característica marcante das árvores desse bioma.

Olho-vivo

Você sabia que o fogo nem sempre é um vilão no Cerrado? Que tal pesquisar como certas queimadas podem ajudar a enriquecer o solo com nutrientes?

O lobo-guará é um animal típico do Cerrado.

Flora

As paisagens do Cerrado recebem nomes diferentes, conforme a densidade da vegetação. No campo limpo, por exemplo, só existe vegetação rasteira e poucos arbustos. Já o campo sujo tem vegetação rasteira, porém com mais arbustos. No cerrado típico, além das plantas rasteiras, há arbustos e árvores baixas. E no cerradão, que parece uma floresta, as árvores são mais altas e abundantes.

©chrisontour84 / Shutterstock

As sempre-vivas são conhecidas popularmente como capim-dourado. São usadas por artesãos locais para fazer cestos, enfeites e outros objetos.

Já te contaram?

Mesmo na estação seca, o Cerrado continua rico em água. É nesse bioma que nascem rios e as grandes reservas de água doce armazenadas no subsolo que abastecem as principais bacias hidrográficas de diferentes regiões do Brasil. É curioso que as plantas desse bioma têm raízes longas e ramificadas que justamente absorvem a água do solo.

©Tropicalvision / Shutterstock

O cabelo-de-índio é uma planta que dá flores logo após a queimada.

©Adilson Sochodolak / Shutterstock

Ramo da planta lobeira com fruto. Ela tem esse nome pois seu fruto é consumido pelo lobo-guará.

Fauna

Alguns representantes do Cerrado são o lobo-guará, o tamanduá-bandeira, o tatu-canastra, a ema e a cascavel. No bioma também vivem pererecas, pequenos lagartos, chamados popularmente de calangos, diversos insetos, como as abelhas-jataí e mandaçaia, entre outros muitos animais.

Ameaças

Grandes áreas do Cerrado foram e continuam sendo destruídas para dar lugar a hidrelétricas, plantações, pastos e cidades. A mineração, as queimadas feitas sem controle, a poluição, a caça, a extração de carvão e a retirada ilegal de madeira e de espécies da flora são outros exemplos de ameaças ao bioma.

O sagui-de-tufo-preto é uma espécie endêmica do Cerrado.

A Caatinga

O nome desse bioma tem origem indígena. Em tupi-guarani, Caatinga significa "mata branca". Durante o período de seca, caem as folhas de muitas plantas. Nessa condição, o verde deixa de ser a cor predominante na paisagem.

O umbuzeiro é uma árvore da Caatinga que armazena água na raiz. Assim, ela sobrevive aos períodos mais secos do ano.

Clima

O clima é quente e seco. Há longos períodos de seca que podem durar até nove meses. As chuvas são raras e irregulares. Quando chove, em geral é no verão e por poucos meses.

Flora

As plantas resistem ao calor e à falta de água. A presença de espinhos no lugar de folhas é uma característica que evita a perda de água por evaporação, assim como ter folhas pequenas ou queda de folhas na seca. A capacidade de acumular água nas raízes e troncos também ajuda as plantas a sobreviverem à estiagem. Exemplos de plantas encontradas nesse bioma são o juazeiro, o marmeleiro, a gameleira, a palmeira-carnaúba e diversos cactos, como o mandacaru, o coroa-de-frade e o quipá.

©Helissa Grundemann / Shutterstock

A temperatura do solo na Caatinga pode chegar a 60°C na estação seca, o que é próximo de medidas feitas no solo de desertos.

O aspecto da vegetação é bem diferente nos períodos seco (1) e chuvoso (2).

© Peter Caton / WWF

Fauna

A fauna também tem estratégias para sobreviver ao calor e à secura. Há animais que se abrigam do sol durante o dia ou que possuem uma placa sobre o corpo que evita a perda d´água. Durante a seca, indivíduos de uma espécie de sapo ficam enterrados por 10 a 11 meses, sem água ou alimento, e saem quando começa a chover. O mocó, o tatu-bola, a cobra-caninana, a coruja-caburé e o gato-mourisco são exemplos de animais da Caatinga.

Já te contaram?
No final do século XIX e começo do século XX, bandos que viviam armados, chamados cangaceiros, circulavam pela Caatinga atacando e dominando fazendas e vilarejos do sertão nordestino.

O tatu-bola tem o corpo coberto por uma carapaça, por conta da caça e da destruição da Caatinga, esse animal está ameaçado de extinção.

O cacto-mandacaru é cheio de espinhos. A planta pode medir até 6 metros de altura.

Ameaças

O corte de madeira é a principal causa do desmatamento na Caatinga e faz dela o bioma menos preservado do Brasil. A lenha obtida pode ser transformada em carvão vegetal. Esses dois materiais, a lenha e o carvão, são usados como combustível em indústrias, residências e no comércio, como em pizzarias e padarias. A agricultura e a criação de gado sem controle também destroem o bioma com desmatamento, queimadas e poluição de rios e solo com substâncias tóxicas. Como resultado, a Caatinga está sofrendo desertificação (perda de umidade e fertilidade do solo). Infelizmente, cerca de metade da paisagem de Caatinga já foi deteriorada pela ação do ser humano.

Os Pampas

Quem não gosta de subir ladeiras, vai gostar de passear nos Campos sulinos ou Campos do Sul, ou ainda, como também são popularmente conhecidos, Pampas. Nesse bioma, existente apenas no estado do Rio Grande do Sul, há grandes planícies.

©alex rodrigo brondani / Shutterstock

Pampas. A vegetação do campo mostrado na foto é nativa. Isso significa que ela existia originalmente no local, não foi plantada.

Flora

Nas regiões planas, a vegetação é principalmente campestre, ou seja, sem árvores e com um campo extenso formado principalmente por plantas da família das gramíneas, que possuem folhas alongadas. No bioma também há arbustos e árvores, e perto dos rios se desenvolvem plantas mais altas e formam-se florestas. Nas áreas próximas ao litoral existem os banhados, ecossistemas alagados onde se desenvolvem plantas aquáticas.

Já te contaram?

Os Campos sulinos também são conhecidos como Pampa, palavra que tem origem na língua do povo indígena quíchua (ou quechua) e significa *região plana*.

Clima

O verão é quente, com temperaturas que chegam a 35° C, e o inverno é frio, com temperaturas que podem ficar negativas. O clima é chuvoso, sem período seco.

©Helissa Grundemann / Shutterstock

Os banhados atraem diversos animais, como a onça-pintada, a lontra e a capivara.

Relevo

Nos Pampas predominam as planícies, mas também existem porções mais elevadas do terreno que formam morros de formato arredondado. Em algumas áreas, a inclinação do terreno pode ser mais íngreme, formando serras.

©Celli07 / Shutterstock

Nem sempre o relevo é plano nos campos sulinos.

Fauna

Animais tipicamente campestres como a ema, o quero-quero, o graxaim-do-campo e o joão-de-barro habitam os Campos sulinos. O veado-campeiro, o gato-palheiro e o tamanduá-bandeira também dependem dos campos para sobreviver e, infelizmente, são exemplos de espécies do bioma ameaçadas de extinção.

© Gustavo Fonseca / WWF-Brasil

Graxaim-do-campo.

Já te contaram?

Os gaúchos, que são as pessoas que nasceram ou vivem no Rio Grande do Sul, têm costume de tomar chimarrão, uma bebida quente feita com erva-mate e que parece um chá.

Ameaças

A pecuária é a atividade econômica mais antiga da região. Quando o gado fica concentrado numa área campestre, destrói a vegetação natural ao se alimentar dela e ao pisotear o solo. A expansão da agricultura para cultivo de alimentos, como a soja e o arroz, e de espécies madeireiras, como o eucalipto, também destrói o bioma. Além do desmatamento e do fogo, os agrotóxicos aplicados nas plantações prejudicam a fauna, a flora, o solo e a água.

©F.Neidl / Shutterstock

Capim-dos-pampas, uma espécie típica do bioma, com flores (ramos brancos)

Ameaças aos biomas brasileiros

Infelizmente, grandes áreas dos biomas brasileiros foram destruídas ou muito modificadas. Sobre as áreas originais foram construídas cidades, plantações, áreas de pastoreio de gado, entre outras coisas. A vida dos animais foi afetada e a qualidade do solo, da água e do ar dos biomas acabou sendo prejudicada com as atividades humanas.

Já te contaram?

A pecuária (criação de gado) pode prejudicar a qualidade do solo. Primeiro porque muitas vezes a vegetação é retirada para formar as pastagens, o que prejudica a capacidade do solo de absorver e armazenar água. O solo descoberto se torna mais frágil, pois fica exposto ao vento, à chuva e ao sol e seus grãos podem se soltar e serem carregados para outros locais. Além disso, conforme o gado anda, suas pisadas amassam o solo, que fica mais compacto e com menos ar.

O ambiente acaba sendo mais danificado quando muitas cabeças de gado são criadas em uma área pequena do que quando os animais ficam mais espalhados.

Plantação de soja no Cerrado.

Plantação de soja no Cerrado.

Pecuária intensiva.

Madeira cortada na área proteg
de Peruaçu, Minas Gerais.

Queimadas no Pantanal, em 2021.

Olho-vivo

Em geral, a vegetação plantada pelos seres humanos, como a de cultivos de alimento, transmite uma sensação de maior organização que a vegetação nativa. Acompanhe o exemplo: em uma floresta vivem diversas espécies de plantas. Já numa floresta de eucaliptos que foram plantados para fornecer madeira, só existe uma espécie. Nesse caso, todas as plantas são parecidas, pois foram plantadas na mesma época e estão distribuídas de maneira organizada, em fileiras.

Animais silvestres

Os animais silvestres vivem na natureza, onde devem ser mantidos. Muitos deles, como papagaios, araras, periquitos e micos são capturados de forma ilegal para serem vendidos como animais de estimação. Quando tirados da natureza, os animais silvestres sofrem, podendo ter dificuldades para crescer e se reproduzir.

©Marcos Cesar Campis / Shutterstock

Papagaio encarcerado em uma gaiola. É uma das espécies mais traficadas.

Já te contaram?

As queimadas que atingiram o Pantanal no ano de 2020 provocaram muita destruição. Infelizmente, muitos animais morreram e os que sobreviveram ficaram sem alimento e sem água.

Diversos profissionais e instituições entraram em ação para oferecer tratamento para a fauna sobrevivente. Os atendimentos de primeiros socorros incluíam, por exemplo, a aplicação de curativos e pomadas nas partes queimadas do corpo, a imobilização de ossos quebrados e tratamentos para combater a desidratação causada pelo calor das chamas. Também foram criados pontos de alimentação no bioma, com comida e água, já que as reservas de alimento dos animais foram destruídas no incêndio.

argens do rio Tapajós, PA.

WWF-Brasil

Vaca é socorrida em meio às queimadas no Pantanal, em 2021.

© WWF-Brasil

Rio com água poluída por lixo descartado de forma indevida.

© Juozas Cernius / WWF

Glossário

Agrotóxico
Produto sintético utilizado no extermínio de pragas agrícolas.

Bioma
Conjunto de vida vegetal e animal constituído por tipos de vegetação parecidos e que ocupam um determinado espaço em conjunto, com condições de solo e clima específicos.

Cadeia Alimentar
Sequência em cadeia de seres vivos que servem de alimentos para outros organismos.

Consumidores
Os seres vivos que não produzem o próprio alimento e que ingerem comida para sobreviver. Podem se alimentar dos produtores ou de outros consumidores.

Desmatamento
Derrubada de árvores e destruição de matas que podem causar graves alterações no ecossistema.

Decomposição
Processo em que fungos e bactérias se alimentam de matéria orgânica, como a de folhas de plantas ou de cadáveres de animais. Os decompositores quebram o material em partes menores, liberando nutrientes e sais minerais.

Decompositores
Seres vivos (fungos e bactérias) responsáveis por realizar a reciclagem da matéria orgânica na cadeia alimentar. Participam de todas as cadeias alimentares, já que se alimentam de restos de seres vivos.

Erosão
Desgaste da superfície do solo.

Extinção
Desaparecimento definitivo de uma espécie.

Fotossíntese
Processo em que as plantas produzem seu próprio alimento. Elas absorvem água e nutrientes pelas raízes, gás carbônico e luz pelas folhas, e fabricam um tipo de açúcar que é o seu alimento.

Herbívoro
Animal que come plantas ou algas.

Matéria Orgânica
É o material que forma o corpo dos seres vivos. Ossos, fezes, restos de seres vivos, folhas caídas, por exemplo, contêm matéria orgânica.

Minério
Mineral extraído de rochas que tem valor econômico.

Predador
Animal que mata outros animais para alimentar-se deles.

Produtores
Seres vivos que produzem seu próprio alimento.

Índice

Créditos

1 – Samambaia: © Kari Schnellmann / WWF; 2 – Abacate: © stevepb / Pixabay; 3 – Mexilhão: © donieve / Pixabay; 4 – Louva-a-deus: ©Zig Koch / WWF-Brasil; 5 – Placa de petri: vollkornapfel / Unsplash; 6 – Fungo orelha-de-pau: © Staffan Widstrand / WWF; 7 – Jabuticabeira: © heloenniareis / Pixabay; 8 – Gafanhoto: © Kari Schnellmann / WWF; 9 – Tucano: © Claiton Conto / Pexels; 10 – Mata atlântica: © Adriano Gambarini / WWF-Brasil; 11 – Muriqui: © Andrew Jones / WWF; 12 – Copaíba: ©Gustavo_Asciutti / Shutterstock; 13 – Litoral da Mata Atlântica: © Adriano Gambarini / WWF-Brasil; 14 – Barco na Amazônia: © Marizilda Cruppe / WWF; 15 – Sumaúma: © LoggaWiggler / Pixabay; 16 – Peixe-boi: © PublicDomainImages / Pixabay; 17 – Castanha-do-pará: © Zig Koch / WWF-Brasil; 18 – Vitória-régia: © André Dib / WWF-Brasil; 19 – Vista aérea do Pantanal: © André Dib / WWF-Brasil; 20 – Tuiuiú: © Jaime Rojo / WWF; 21 – Ipês no pantanal: © Danita Delimont / Shutterstock; 22 – Planta chapéu-de-couro-de-folha-fina: © guentermanaus / Shutterstock; 23 – Cerrado: © Ana Paula Rabelo / WWF; 24 – Lobo-guará: © Adriano Gambarini / WWF-Brasil; 25 – Planta cabelo--de-índio: © Tropicalvision / Shutterstock; 26 – Planta Lobeira: Adilson © Sochodolak / Shutterstock; 27 – Sagui de tufo preto: © Magali Guimarães / Pexels; 28 – Capim dourado: © chrisontour84 / Shutterstock; 29 – Caatinga seca: © Helissa Grundemann / Shutterstock; 30 – Caatinga chuvosa: © Peter Caton / WWF; 31 – Umbuzeiro: © Elysangela Freitas / Shutterstock; 32 – Mandacaru: © fps30 / Pixabay; 33 – Tatu-bola: © Adriano Gambarini / WWF-Brasil; 34 – Campos sulinos: © alex rodrigo brondani / Shutterstock; 35 – Banhados dos campos sulinos: © Helissa Grundemann / Shutterstock; 36 – Elevação de terreno (pampas): © Celli07 / Shutterstock; 37 – Graxaim-do-campo: ©Gustavo Fonseca / WWF-Brasil; 38 – Foto de monocultura de soja no Cerrado: © Rogeiro.Gama39 / Shutterstock; 39 – Madeira cortada: © André Dib / WWF-Brasil; 40 – Erosão do solo: © Adriano Gambarini / WWF-Brasil; 41 – Queimadas: © Juliana Arini – WWF-Brasil; 42 – Animal resgatado no pantanal: © WWF-Brasil; 43 – Pecuária: © Gabriela Cheloni / Pexels; 44 – Caça ilegal: © Marcos Cesar Campis / Shutterstock; 45 – Poluição em rios: © Juozas Cernius / WWF.

Foto: Laílson dos Santos

Mauricio de Sousa nasceu em 27 de outubro de 1935, numa família de poetas e contadores de histórias, em Santa Isabel, no interior de São Paulo. Ainda criança, mudou-se para Mogi das Cruzes, onde descobriu sua paixão pelo desenho e começou a criar os primeiros personagens. Aos 19 anos, foi para São Paulo tentar trabalhar como ilustrador na *Folha da Manhã* (hoje *Folha de S.Paulo*). Conseguiu apenas a vaga de repórter policial.

Em 1959, publicou sua primeira tira diária, com as aventuras do garoto Franjinha e do seu cãozinho Bidu.

As tiras de Mauricio de Sousa espalharam-se por jornais de todo o país, levando-o a montar um estúdio que hoje dá vida a mais de 400 personagens.

Em 1970, lançou a revista *Mônica* e, em 1971, recebeu o mais importante prêmio do mundo dos quadrinhos, o troféu *Yellow Kid*, em Lucca, na Itália. Seguindo o sucesso de Mônica, outros personagens também ganharam suas próprias revistas, que já passaram pelas editoras Abril e Globo e atualmente estão na Panini. Dos quadrinhos, eles foram para o teatro, o cinema, a televisão, a internet, parques temáticos e até para exposições de arte.

Foto: Tatiana Nahas

Nina Nazario é Mestre em Ecologia pela Universidade de São Paulo (USP), com ênfase em conservação ambiental e ecologia humana. É Bacharel e Licenciada em Ciências Biológicas pela USP.

Autora de livros infantojuvenis sobre biomas brasileiros, publicou as obras impressas *Nina no Cerrado*, *Nina na Mata Atlântica* e *Nina no Pantanal* e um livro virtual sobre formigas-saúvas, *Pedro e as formigas*.

Ministrou cursos e oficinas sobre ambiente e educação ambiental para professores do ensino fundamental da rede pública, estudantes e comunidade em geral. Trabalhou em projeto de coleta seletiva de lixo e em projetos sociais de melhoria de qualidade de vida de populações de áreas urbanas e rurais.

Sua principal atividade é a elaboração e a edição de materiais didáticos de Ciências da Natureza (obras governamentais e para o mercado privado).

Saiba mais em www.ninanazario.com.br e ninanocerrado.wordpress.com/.